CINQ MOIS

DE

RÉPUBLIQUE

PAR

Paul BOIVILLE

PARIS

E. DENTU, ÉDITEUR

Palais-Royal, 15-17-19, galerie d'Orléans

CINQ MOIS

DE RÉPUBLIQUE

CINQ MOIS

DE

RÉPUBLIQUE

PAR

Paul BOIVILLE

PARIS

E. DENTU, ÉDITEUR

Palais-Royal, 15-17-19, galerie d'Orléans.

CINQ MOIS

DE

RÉPUBLIQUE

La France stupéfaite au spectacle de certains ërrements ressemblant à des trahisons se laisse aller au courant de la révolution. Les méchants se réjouissent et attendent le triomphe définitif; les bons tremblent et attendent la persécution.

Cette résignation peut devenir fatale. Notre dessein est de réagir contre elle.

Depuis *cinq mois* on accorde à la révolution représentée officiellement par des hommes sans valeur, sans prestige, sans honneur peut-être, un crédit illimité.

Ce crédit, nous sommes résolus à le suspendre pour notre part.

Les temps sont accomplis où les programmes insensés de la révolution entrent dans la voie de la réalisation. On les oublie parce qu'ils datent de loin, ou parce qu'ils sont noyés dans le flot des événements et les préoccupations de la politique quotidienne, mais nous avons le droit de les rappeler.

Dans un tableau rapide, d'où le parti-pris sera systématiquement exclu, nous allons prouver que les hommes qui nous gouvernent sont les exécuteurs inconscients ou conscients des ordres dictés par la révolution et ses mandataires autorisés.

Nous montrerons les révolutionnaires fidèles à leurs doctrines, fidèles à leur point de départ, poursuivant avec une persistance opiniâtre le plan tracé depuis neuf ans.

Par leurs menaces trop réelles, par leurs promesses trompeuses, par leurs actes, nous démontrerons que la politique suivie depuis cinq mois, constitue plus qu'un danger pour l'avenir et pour le salut de la France, qu'elle nous conduit tout droit à des catastrophes dont le programme de Belleville nous permet de mesurer toute l'étendue.

I

LES MENACES. — LES PROMESSES

Le *Syllabus* et le *programme de Belleville* ont une destinée commune. Tout le monde en parle, personne ne les connaît; l'un n'est pas lu, l'autre est oublié.

Cependant le programme de Belleville est l'exposé du plan d'attaque de la révolution contre l'ordre social. Nous ne saurions donc mieux commencer cette étude qu'en le plaçant immédiatement sous les yeux du lecteur.

Le voici tel qu'il parut dans le *Réveil* du 14 mai 1869. Le *Réveil* était alors dirigé par le premier patron politique de M. Gambetta, le citoyen Ch. Delescluze qui, depuis, a été fusillé derrière une barricade où il combattait contre l'armée française :

CAHIER DES ÉLECTEURS

LÉON GAMBETTA, CANDIDAT RADICAL

Au nom du suffrage universel, base de toute organisation politique et sociale, donnons mandat à notre député d'affirmer les principes de la démocratie radicale et d'affirmer énergiquement :

L'application la plus radicale du suffrage universel, tant pour l'élection des maires et conseils municipaux, sans distinction de localité, que pour l'élection des députés ;

La répartition des circonscriptions effectuée sur le nombre total des électeurs de droit et non sur le nombre des électeurs inscrits ;

La liberté individuelle désormais placée sous l'égide des lois, et non soumise au bon plaisir et à l'arbitraire des ADMINISTRATIFS ;

L'abrogation de la loi de sûreté générale ;

La suppression de l'article 75 de la Constitution de l'an VIII et la responsabilité directe de tous les fonctionnaires ;

Les délits politiques de tout ordre déférés au jury ;

La liberté de la presse dans toute sa plénitude, débarrassée du timbre et du cautionnement ;

La suppression des brevets d'imprimerie et de librairie ;

La liberté de réunion sans entraves et sans piéges, avec la faculté de discuter toute matière religieuse, philosophique, politique et sociale ;

L'abrogation de l'article 291 du Code pénal ;

La liberté d'association pleine et entière ;

LA SUPPRESSION DU BUDGET DES CULTES et la séparation des églises et de l'État ;

L'instruction primaire laïque, gratuite et obligatoire, avec concours entre les intelligences d'élite pour l'admission aux cours supérieurs, également gratuits ;

La suppression des octrois, la suppression des gros traitements et des cumuls, et la modification de notre système d'impôts;

La nomination de tous les fonctionnaires publics par l'élection;

LA SUPPRESSION DES ARMÉES PERMANENTES, cause de ruine pour les finances et les affaires de la nation, source de haine entre les peuples et de défiance à l'intérieur;

L'abolition des priviléges et monopoles que nous définissons par ces mots : **PRIME A L'OISIVETÉ**;

Les réformes économiques qui touchent au problème social, dont la solution, quoique subordonnée à la transformation politique, doit être constamment étudiée et recherchée, au nom du principe de justice et d'égalité sociale. Ce principe généralisé et appliqué peut seul, en effet, faire disparaître l'antagonisme social et réaliser complétement notre formule :

LIBERTÉ, ÉGALITÉ, FRATERNITÉ.

Ce programme renfermait, en germe, on le voit, toutes les menaces qui sont aujourd'hui en cours d'exécution et toutes les promesses dont on ne cesse de nous leurrer.

M. Gambetta, pressé d'arriver, accepta tout en bloc. Avec le zèle du néophyte et l'inexpérience du débutant, il promit même plus qu'on ne lui demandait.

Sa réponse parut dans le même numéro du *Réveil :*

Ce mandat, je l'accepte !

Comme vous je pense que la France ne rencontrera la liberté, la paix, l'ordre, la justice, la prospérité matérielle et la grandeur morale que dans le triomphe des principes de la Révolution française...

JE FAIS PLUS QUE CONSENTIR. VOICI MON SERMENT : Je jure obéissance au présent contrat et fidélité au peuple souverain.

Une année après, M. Gambetta d'abord, MM. Delescluze et Raoul Rigault ensuite essayaient d'appliquer ce programme.

Comme nous ne voulons pas sortir des limites d'une politique d'actualité, nous ne reviendrons pas sur le passé et nous ne rappellerons pas les causes qui les firent échouer les uns après les autres.

On sait assez que rien ne fut négligé pour assurer la réussite. Les uns firent la Commune; l'autre dont l'imagination audacieuse égale celle de Danton, mais dont la prudence surpasse celle de Félix Pyat, prépara à Bordeaux un véritable coup d'État qui devait pour toujours livrer la France aux appétits de ses amis et inaugurer un nouveau régime de terreur.

Le refus indigné du commandant de place

auquel il ne craignit point de s'ouvrir, et — qui le croirait? — l'énergie de M. Jules Simon firent avorter ce complot.

Pour être peu connu, le fait n'en est pas moins certain.

Quoi qu'il en soit, le projet d'exécuter les ordres du comité de Belleville, organe lui-même des sectes franc-maçonniques, ne fut pas abandonné un instant.

On dut l'ajourner pendant toute la durée de l'Assemblée nationale. Mais cette assemblée s'étant suicidée par le vote de la Constitution Wallon, l'esprit public ayant été suffisamment travaillé dans toute la France par une propagande révolutionnaire effrénée, le ministère Buffet, par son insuffisance et sa présomption, laissant deviner sa faiblesse fatale, le moment redevint favorable.

On ne craignit plus de faire revivre le fameux programme et pour qu'il fût impossible de se méprendre sur sa portée on eut soin de déclarer qu'aucune de ses prescriptions n'était annulée.

Dès le 17 janvier 1876, M. Métivier, conseiller municipal à Charonne, prononçait un discours au nom du Comité directeur et disait en s'adressant à l'éternel candidat de Belleville :

A notre dernière réunion..., vous nous avez dit : le mandat tient-il toujours ?

Eh bien ! oui, tel qu'il s'est transformé sous l'action impérieuse des événements et des circonstances, *le mandat tient toujours et plus que jamais*. Au point de vue des indications actuelles nous le résumons :

La Constitution de 1875 comme point de départ ;

Sa pratique sincère et loyale jusqu'en 1880 ;

Le développement pacifique des améliorations qu'elle-même a prévues et qu'elle contient en germe pour arriver à constituer progressivement la république démocratique.

Certains trouveront que ce mandat est large et peu défini dans ces termes.

Nous le faisons en connaissance de cause et avec préméditation.

Nous indiquons et vous acceptez le but : la république définitive, progressive et largement démocratique.

Des voies et des moyens, ni les uns ni les autres ne sommes maîtres.

Tout est subordonné aux modifications de l'esprit public et aux événements qu'il serait téméraire de vouloir pressentir.

Et d'ailleurs, entre vous et nous, il y a un lien qui nous est cher et que nul ne voudrait rompre ; vous êtes né à la vie publique ici. Ce sont les républicains du vingtième arrondissement, les Bellevillois, pour emprunter à la réaction un de ses plus chers vocables, qui vous ont donné votre premier mandat. Nous nous honorons d'avoir contribué à votre fortune politique et nous vous disons : vous avez notre approbation pour le passé ; pour l'avenir vous avez notre confiance et vous en userez pour le bien de la France et la constitution définitive de la république.

M. Gambetta répondait :

J'ai le devoir et l'orgueil de le dire tout à la fois.

Ma politique est née à Belleville en 1869, lorsque nous avons rédigé ensemble les clauses et stipulations communes de notre contrat.

Le même jour, c'est-à-dire le 17 janvier 1876, M. Laurent Pichat formulait, au nom de son parti, ce qu'il appelait lui-même le programme des revendications et qui a eu son heure de célébrité sous le nom de *minimum* de Laurent Pichat.

En voici la partie la plus caractéristique :

Il n'appartient à personne de formuler un programme, en présence de la situation nette qui s'impose à nous. Si j'avais à le développer devant vous, ce programme se composerait de quelques phrases sur lesquelles nous sommes d'accord, parce qu'elles forment le texte même de nos convictions à tous. Je vais vous le prouver par une énumération rapide de ce que la démocratie réclame et de ce qu'il appartient à vos mandataires de poursuivre par les voies légales.

L'amnistie, la suppression absolue de l'état de siége, la liberté de réunion et d'association, la liberté de la presse, l'instruction primaire obligatoire, gratuite et laïque, la défense de la société civile contre l'envahissement clérical, le service militaire obligatoire pour tous sans privilége d'aucune sorte, l'élection des maires par les conseils municipaux et la commune affranchie de la tutelle administrative, la révision de l'assiette des impôts tendant à régulariser le travail, la séparation de l'Église et de l'État.

Sur tous ces points nous sommes d'accord.

...... La république n'a pas de dynasties (1) ; la république n'a pas de princes héritiers, la république n'a que des principes !

Ainsi donc la levée de boucliers est universelle et toute la révolution est d'accord pour poursuivre le même but : réaliser le programme de Belleville dans son ensemble, dans toutes ses prescriptions qui peuvent se résumer ainsi : guerre à l'armée, guerre au clergé, guerre à toutes les institutions sociales.

Malgré le souvenir récent des horreurs de la Commune, ces audaces n'étonnaient plus Paris, mais elles pouvaient encore effrayer la province. La province a des pudeurs qu'il importe de respecter, elle a des susceptibilités qu'il faut ménager et les républicains le comprirent.

Aussi à ces menaces persistantes, on songea dès lors à opposer le contre-poids de promesses anodines et ne tirant pas à conséquence. Qui oserait, en effet, en réclamer l'accomplissement le jour où le premier résultat, l'escalade du pouvoir, serait obtenu ?

Toutefois, comme ces promesses peuvent donner la mesure de la perfidie de nos maîtres actuels, nous pensons qu'il est bon d'en repro-

1. Pas même celles des Carnot, des Jules Simon et des Casimir Périer !

duire quelques-unes. La plupart étaient l'œuvre de personnages sans autorité, candidats sénatoriaux ou législatifs, qui se ruèrent sur le suffrage universel aussitôt après la dispersion de l'Assemblee nationale.

Dans le déluge de ces élucubrations menteuses, nous choisissons au hasard quelques passages de la circulaire adressée le 13 janvier 1876 aux délégués sénatoriaux des Vosges, par MM. Claude, Georges et Claudot :

La république n'est pas le gouvernement d'un parti, disaient-ils ; elle est le gouvernement de tous : elle ne peut autoriser aucune représaille ; elle ne doit tolérer aucune violence. Plus que tout autre gouvernement, elle peut et doit pratiquer le respect absolu du droit de tous, ce qui est la formule même de la liberté.

L'invalidation éhontée des députés de la droite, la destitution de tous les fonctionnaires suspects, le mépris affiché de tous les droits acquis ont satisfait pleinement à tous ces engagements formels et ont indiqué le vrai sens de la formule républicaine de la liberté.

Comme si ces promesses obscures ne devaient pas offrir une garantie suffisante, M. Gambetta lui-même avait écrit le 31 décembre précédent à un conseiller municipal de Cahors :

Vous ferez éclater à tous les yeux que les vrais, les seuls conservateurs sont les défenseurs du régime actuel, et que les fauteurs d'anarchie et de désordre sont dans les rangs de ses ennemis...

Vous choisirez donc pour le Sénat comme pour la Chambre des députés des républicains sincères et loyaux, — non pas que je veuille que vous regardiez à la date et à l'origine de leurs convictions ; — la fermeté, le désintéressement, l'autorité du caractère, l'honorabilité, voilà les conditions qu'il faut exiger de vos candidats.

Les électeurs naïfs et confiants ont choisi comme exemple de fermeté de convictions, M. Duportal, comme modèle de désintéressement, M. Bonnet-Duverdier, comme type d'autorité de caractère, M. Guyot-Montpayroux, et comme prototype d'honorabilité, M. X...

Mais revenons aux protestations de sagesse qui étaient répandues avec une véritable prodigalité. C'était tantôt la république aimable, tantôt la république athénienne qui devaient nous faire nager dans un océan de délices.

M. Gambetta disait à Bordeaux, le 13 janvier 1876 :

Avant de descendre du pouvoir, M. Thiers avait prononcé un mot profond ; il avait dit : « L'avenir est aux plus sages. » C'est ce mot qui est devenu la ligne de conduite du parti républicain tout entier. Dès le 29 juin 1872, ici même, je relevai le mot. Je dis alors qu'il était juste et que nous le justifierions ; qu'il nous coûtait à nous moins qu'à personne de le justifier, car « les plus sages » voulait dire les plus respectueux des lois, les plus respectueux de la liberté, de la libre discussion, les plus respectueux du mérite, du désintéressement; « les plus sages », cela avait l'air d'une gageure adressée au parti républicain : il l'a relevée, nous allons voir s'il l'a gagnée.

Si par sagesse il faut entendre hypocrisie, oui, M. Gambetta a raison, il a gagné la gageure, car n'oublions pas que c'est quatre jours après qu'il ratifiait à Charonne ses engagements de 1869.

On aura remarqué sans doute que nous nous sommes attachés principalement à citer les documents remontant à 1876.

La raison en est simple.

A cette époque, la république se croyait déjà assurée du succès, et tout était préparé pour l'application du programme.

Des circonstances trop connues pour qu'il soit nécessaire de s'y appesantir vinrent encore la faire ajourner.

Les nouveaux députés voulaient bien faire acte de servilité envers leur nouveau maître. Mandataires de la fraction la plus corrompue et la plus crédule du peuple français, ils étaient tout disposés à se transformer en exécuteurs dociles des ordres d'un chef unique, M. Gambetta. Mais, en même temps, ils étaient jaloux de garder une position acquise au pr......s laborieux et quelquefois en réco......se de dé....ctions honteuses.

Le mot de dissolution jetait dans leurs rangs une véritable panique.

Après avoir donné un premier assaut au budget des cultes, la place la moins défendue d'ailleurs, ils se hâtèrent de se retirer en plein désordre et en pleine confusion sur l'injonction du Sénat et du chef de l'État.

Plusieurs exemples de cette [irrésolution et de cette pusillanimité furent donnés coup sur coup. La république n'avait que la volonté de faire le mal ; elle n'en avait pas le courage.

Nous sommes de ceux qui pensent qu'il eût été habile de prolonger cette situation. L'attitude dénuée de toute dignité de la majorité républicaine eût discrédité sans doute ses représentants auprès de leurs partisans et le parti auprès du pays.

Mais le 16 mai éclata.

L'impuissance et la présomption redevinrent les conseillers intimes de l'Élysée.

L'entreprise manquait de cohésion et surtout de but. On se demandait avec anxiété si soutenir le bon combat à côté de MM. de Broglie et de Fourtou aboutirait à un autre résultat pratique que de maintenir au pouvoir M. de Broglie et M. de Fourtou, et ce résultat parut généralement insuffisant.

De son côté le ministère déploya une énergie

maladroite dont chaque manifestation ressemblait à une vexation.

Personne n'avait la foi. On échoua.

Deux mois se passèrent dans l'incertitude la plus accablante, et, toutes les illusions envolées, on n'espéra plus qu'une chose : c'est que l'honneur du plus illustre des maréchaux de France sortirait intact de la crise :

Le 14 décembre 1877, on apprit la constitution du ministère républicain, et le lendemain, le *Journal Officiel* publiait en tête de ses colonnes le document suivant :

Versailles, le 14 décembre 1877.

MESSAGE

du

Président de la République

Messieurs les Sénateurs,

Messieurs les Députés,

Les élections du 14 octobre ont affirmé, une fois de plus, la confiance du pays dans les institutions républicaines.

Pour obéir aux règles parlementaires, j'ai formé

un cabinet choisi dans les deux chambres, composé d'hommes résolus à défendre et à maintenir ces institutions par la pratique sincère des lois constitutionnelles.

L'intérêt du pays exige que la crise que nous traversons soit apaisée; il exige avec non moins de force qu'elle ne se renouvelle pas.

L'exercice du droit de dissolution n'est, en effet, qu'un mode de consultation suprême, auprès d'un juge sans appel, et ne saurait être érigé en système de gouvernement. J'ai cru devoir user de ce droit, et je me conforme à la réponse du pays.

La Constitution de 1875 a fondé une république parlementaire en établissant mon irresponsabilité, tandis qu'elle a institué la responsabilité solidaire et individuelle des ministres.

Ainsi sont déterminés nos devoirs et nos droits respectifs. L'indépendance des ministres est la condition de leur responsabilité.

Ces principes tirés de la Constitution sont ceux de mon gouvernement.

La fin de cette crise sera le point de départ d'une nouvelle ère de prospérité.

Tous les pouvoirs publics concourent à en favoriser le développement. L'accord établi entre le Sénat et la Chambre des Députés, assurée désormais d'arriver régulièrement au terme de son mandat, permettra d'achever les grands travaux législatifs que l'intérêt public réclame.

L'Exposition universelle va s'ouvrir; le commerce et l'industrie vont prendre un nouvel essor, et nous offrirons au monde un nouveau témoignage de la vitalité de notre pays, qui s'est toujours relevé par

le travail, par l'épargne et par un profond attache-
ment aux idées de conservation, d'ordre et de
liberté.

MARÉCHAL DE MAC-MAHON,
duc de Magenta.

Par le Président de la République :

*Le garde des sceaux, ministre de la Justice,
président du Conseil,*
J. DUFAURE.

Le ministre de l'Intérieur,
DE MARCÈRE.

C'en était fait ; la place était conquise. Le
chef du pouvoir exécutif n'était pas seulement
prisonnier des gauches ; il était leur allié. Pour
s'excuser, il était obligé de répondre aux fonctionnaires qui venaient se plaindre d'avoir été
abandonnés :

— « Que voulez-vous? moi, je n'ai plus d'in-
fluence! »

Les députés rassurés contre tout danger de
dissolution allaient se donner enfin tout entiers à
l'exécution du programme de la révolution.

Nous allons les voir à l'œuvre.

II

LES ACTES

En retranchant du cahier des électeurs de Belleville les banalités de rigueur à l'adresse du suffrage universel, et les quelques passages qui ont perdu toute leur actualité depuis 1869, il est clair que ce cahier renferme en substance une déclaration de guerre à tous les principes sur lesquels repose notre ordre social. Ce qu'il réclame impérieusement, c'est la destruction du clergé, de la magistrature, de l'armée ; c'est le bouleversement radical de notre système d'instruction publique et de notre système financier.

A ces différents points de vue, la république est résolue à ne point s'en tenir à des réformes et à des améliorations progressives. Elle veut développer un plan absolument révolutionnaire.

C'est le mandat impératif intimé à M. Gambetta par les électeurs de Belleville, ou plutôt par le comité secret qui les fait agir et voter

Nous allons montrer comment il s'y est pris, secondé par de trop nombreux lieutenants, pour en assurer le triomphe : le suivant pas à pas depuis le premier jour de son règne *in partibus*, nous allons voir le chemin déjà parcouru, les ravages opérés contre le clergé, contre la magistrature, contre l'armée, et les conquêtes accomplies dans le domaine de l'instruction publique et dans celui des finances.

§ 1. LA RÉPUBLIQUE ET LE CLERGÉ.

C'est un fait historique bien connu que tous les persécuteurs de la religion et de ses ministres, depuis Julien l'apostat jusqu'à Napoléon III, se sont servis de préférence contre leurs victimes de l'arme de la calomnie. Cette arme est, en effet, à la portée des hypocrites et des lâches, et les républicains de nos jours ne pouvaient manquer de s'en saisir.

Basile et Tartufe ayant passé ouvertement dans le camp révolutionnaire depuis qu'il y a beaucoup plus à gagner et beaucoup moins à perdre que dans l'autre, dirigent en commun, depuis de longues années déjà, la campagne entreprise par la révolution contre l'Église catholique.

Ce sont eux qui ont essayé de semer la division dans ses rangs, en altérant la valeur des mots et en imprimant aux qualifications de clérical et d'ultramontain une signification odieuse. Ce sont eux qui ont essayé d'ameuter le clergé des campagnes contre le haut clergé. Ce sont eux qui ont inventé certaines formules perfides sur lesquelles nous ne voulons pas nous étendre pour ne pas tomber dans l'ennui d'une dissertation théologique. Ce sont eux enfin qui ont introduit dans le programme de Belleville un tout petit paragraphe dont l'application pure et simple équivaudrait à la ruine totale du clergé catholique et à l'anéantissement de la religion en France.

Basile et Tartufe dirigés par M. Gambetta, n'ont point perdu ce paragraphe de vue depuis 1869. A peine la république a-t-elle été installée qu'il ont pris la figure de M. Guichard, le député empesé et gourmé de Sens, et qu'ils ont déposé, dès le 15 février, le rapport sur le budget des cultes.

Tout le monde se rappelle cette œuvre venimeuse et mensongère qui, au mépris de la volonté formelle de l'immense majorité des Français, au mépris du Concordat, des promesses et des traités solennels, ne tend à rien moins qu'à établir en France le kulturkampf et à légaliser, pour ainsi dire, les soupçons infâmes qu'une presse sans pudeur essaye de faire peser sur les prêtres catholiques.

On sait que non content de proposer la diminution du budget des cultes — ce qui est un acheminement à la spoliation définitive — M. Guichard s'y érige en docteur théologique, gourmande les évêques et leur prescrit tel ou tel enseignement dans leurs séminaires. Il prêche l'immixtion de l'État dans les rapports entre les fidèles et leurs pasteurs. Il défend à ceux-ci de publier ni brefs, ni bulles, ni mandements, sans avoir obtenu le congé de la république. Il refuse aux curés le droit de s'absenter, même pendant un jour, sans la permission de M. le maire. Son érudition aussi puérile que canonique n'oublie rien. Il s'en va déterrer, lui, l'homme du progrès, les pragmatiques vieilles de cinq cents ans, les déclarations datant de Louis XIV, les arrêts du Parlement qui n'ont jamais été appliqués ; enfin il préconise la création d'un tribunal où seraient déférés les ecclésiastiques qui refuseraient de s'incliner devant des doctrines auxquelles il ne croit pas lui-même.

En un mot, M. Guichard lance le gendarme contre le clergé. C'est la manière de la révolution de comprendre la séparation de l'Église et de l'État.

Tous les hommes de bon sens reconnurent la

perfidie de ce *factum* officiel, et des voix indi
gnées, parlant au nom de la conscience chré
tienne outragée, en firent justice sur-le-champ.

Le caractérisant comme il mérite de l'être, et remontant à la source même du mal, M. de la Bassetière s'écriait :

Dans ce rapport longuement préparé, longuement élaboré, il est impossible de ne pas voir tout un plan d'attaques contre l'Église, et sous une forme modeste, timide encore, une véritable déclaration d'hostilité...

Votre pensée est encore un peu hésitante et voilée dans le rapport : c'est que la plupart d'entre vous, dans cette déclaration de guerre à l'Église, n'obéissez pas à des passions haineuses et violentes... mais... *il y a des promesses difficiles à réaliser quelquefois*, il y a des engagements pour le moins téméraires, il y a des perspectives au delà desquelles on ne peut pas aller, — car au bout c'est l'abîme — et desquelles il faut détourner l'attention comme les aspirations publiques.

L'année dernière, à l'occasion du budget général, vous disiez qu'il y avait deux portions distinctes dans ce budget — le budget du présent et le budget de l'avenir...

... *Aux foules émues et égarées, il fallait dès aujourd'hui une satisfaction plus directe et moins éloignée...*

C'est de la conscience de cette situation qu'est née chez celui qui vous dirige... qu'est née l'idée du sacrifice de la société religieuse dans sa forme la plus haute, l'Église catholique. C'est le secret de ce cri de guerre poussé par le chef de la majorité, quand il s'écriait : *Le cléricalisme, voilà l'ennemi.*

Ce cri de guerre, il se fait jour à toutes les pages du rapport; il en est l'âme; il en est le résumé tout entier.

Cette attaque se produit sous une double forme :

1° Attaque contre les dogmes, contre l'enseignement, contre la discipline.

2° Attaque sous forme de réduction de crédit et de diminution de ressources nécessaires à la vie de l'Église, à son développement dans la société.

De son côté, M. Baragnon persiffla avec esprit les ignorances de M. Guichard, qui s'imaginait que les diacres et les sous-diacres ne restent pas dans les séminaires, et les incohérences du rapport où l'on demande qu'un officier de l'état civil puisse recevoir les vœux de chasteté.

Toutes ces protestations éloquentes prouvaient surabondamment que les catholiques n'étaient pas dupes des prétentions affichées par M. Guichard d'être un meilleur défenseur de l'Église que les prêtres, que les évêques et même que le pape.

Mais on a voulu braver les catholiques jusqu'au bout. Malgré quelques velléités d'opposition de la part du Sénat, le budget des cultes a été voté tel qu'il a été présenté, et le rapport maintenu tel qu'il a été déposé.

Pour qu'il fût impossible de se méprendre sur l'importance de ce résultat, le *Siècle* prenait soin, dès le 23 février, d'en souligner la signication :

La politique ultramontaine, s'écriait-il, inaugurée dans notre pays par l'expédition de Rome et par la loi du 15 mars 1850 sur l'enseignement, cette politique néfaste et anti-française *a reçu hier un premier coup* dans ses œuvres vives.

Le *Siècle* dit vrai. La république a donné, ou plutôt essayé de donner un premier coup au catholicisme ; en tout cas, suivant l'expression de plusieurs orateurs naïfs de la gauche, elle a prouvé l'incompatibilité qui existe entre elle et la religion.

Elle ne s'en est du reste pas tenue là.

Le même M. Guichard, empâté dans les millions à lui légués par M. Dubochet, n'a-t-il pas présenté un projet de loi tendant à nommer une commission chargée de chiffrer la fortune de chaque couvent, sans s'inquiéter si ce procédé inquisitorial ne serait point la violation des droits individuels les plus élémentaires? Comme si une loi quelconque pouvait consacrer le principe de la violation de domicile !

N'a-t-on pas rappelé de Rome M. le baron Baude, notre ambassadeur auprès du saint-siége, et ce rappel n'est-il pas, dans l'esprit des républicains, le prélude de la suppression de l'ambassade ?

Le *Temps*, du 8 mars, disait à ce sujet :

... Notre correspondant de Rome nous a signalé plusieurs fois les préventions qui paraissaient régner dans le monde *libéral* italien, à l'endroit du baron Baude, notre ambassadeur auprès du Saint-Siége.

La bassesse de cet aveu est assurément un hommage rendu au caractère du baron Baude. Pour le but que nous poursuivons, nous ne voulons en retenir qu'une chose : le dessein nettement manifesté par l'organe le plus modéré [de la république, d'engager la politique du gouvernement à la suite de la politique la plus anti-chrétienne et la plus anti-française.

On remarquera que, fidèles à la ligne que nous nous sommes tracé au commencement [de ce travail, nous ne citons que les documents officiels et les faits avérés. Quel triste spectacle n'offririons-nous pas au lecteur si, délaissant l'œuvre de stricte justice, nous voulions ramasser dans les discussions de certains conseils municipaux et généraux les paroles de haine, les excitations à la violence, les propositions sacriléges qui tombent chaque jour de la bouche des agents subalternes de la révolution.

La tempête étant déchaînée, il n'est plus en France un libre-penseur de village, qui ne cherche à se créer un titre de gloire dans cette lutte sans courage.

L'exemple par de haut. Dès l'ouverture du conseil général de la Seine, le président, M. Engelhard, prononçait un discours délibérément insolent contre le clergé et M. Paul Morin déposait sur le bureau un projet portant :

« 1° Élimination de l'instruction religieuse dans
« le programme des écoles publiques;

« 2° Abrogation des dispositions légistives qui
« introduisent les ministres des cultes dans les
« conseils supérieurs de l'instruction publique
« et dans les conseils départementaux. »

Ces vœux, ces propositions ne font pas encore force de loi comme les décisions prises dans
les assemblées politiques. Le moment n'est pas
venu de leur donner la consécration offi-
cielle, mais il est proche. La république attend
que l'adversaire soit un peu plus désarmé, la
France un peu plus terrifiée et l'esprit public un
peu plus perverti.

Grâce à la presse déshonorée et encouragée
elle n'attendra pas longtemps. Ne sait-on pas
assez que le mot d'ordre est l'injure quotidienne,
sans trève ni merci à tout ce qui touche à la
religion? Il suffit à un journaliste sans talent de
baver un peu de fiel et de venin sur un prêtre
pour s'attirer les sourires des puissants du jour.
Il suffit à M. Sarcey de partir en guerre contre
une religieuse pour dissimuler la lourdeur de son
style et le pédantisme de ses procédés littéraires.

Passe encore pour la presse, puisqu'il est con-
venu, en principe, que la liberté de l'écrivain

est chose plus sacrée que l'honneur des citoyens, que le repos public et que les principes les plus immuables. Il est cependant une loi restrictive de la licence du crayon, dont la Chambre elle-même, par un dernier sentiment de pudeur, n'a pas voulu dessaisir le pouvoir. Veut-on savoir comment cette loi est appliquée?

Il n'est pas un barbouilleur qui ne croirait manquer à tous ses devoirs s'il ne livrait chaque jour à la risée du public un prêtre dans les tenues les plus odieuses et les plus indécentes. Ces vilenies s'étalent sur toutes les vitrines, sur tous les kiosques; bientôt sans doutes elles s'étaleront sur tous les murs. N'avons-nous pas vu un ministre candide offrir le pain bénit dans une église de Paris, le jour même où l'on affichait un prêtre revêtu d'accoutrements bizarres, tenant à la main un ostensoir avec l'hostie, le tout en pain d'épices, et pour que les bourgeois les plus inintelligents pussent comprendre la signification du blasphème, l'auteur avait eu soin d'ajouter en légende : *Ils sont en pain d'épices.*

Il n'est point douteux que ce débordement ne soit le prélude de la guerre à outrance imposée par les comités révolutionnaires à tous ses mandataires. Il n'est point douteux non plus que la république actuelle ne s'apprête à donner le dernier coup de cognée.

Quand des orateurs de la droite ont cru devoir porter à la tribune les plaintes des catholiques constamment outragés, la majorité ne leur a-t-elle pas imposé silence? Quand l'occasion s'est présentée de manifester hautement leurs sentiments antichrétiens, comme à l'enterrement matérialiste de Raspail, par exemple, ou à la célébration joyeuse du 21 janvier, les membres les plus hardis de cette majorité ont-ils hésité à s'associer à ses scandales?

La *République française* elle-même ne s'attache-t-elle pas constamment à justifier cette partie de la loi Guichard (1) qui est dirigée contre les associations religieuses et qui crée par le fait une catégorie de suspects, dans l'espérance que ces suspects se changeront un jour en proscrits?

Que deviennent après ces preuves évidentes — et nous en passons — de la haine inextinguible de la révolution contre l'église, ces promesses de certains députés de la gauche de faire toujours respecter la religion? Que penser de ces hommages tardifs bruyamment décernés à la mémoire d'un pontife vénéré, abreuvé d'outrages de son vivant? Que signifient ces baisers de Ju-

---

1. Article relatif aux bourses des séminaires et aux congrégations religieuses non reconnues par l'État.

das bruyamment appliqués sur la joue de son suc cesseur?

Ils signifient qu'il ne faut point compromettre, par trop de précipitation, la campagne entreprise, mais que le moment n'est pas loin dans leur pensée et dans leur espérance où le programme sera appliqué dans toute son étendue.

C'était en 1876.

Le rayonnant M. Barodet, qui est dans le secret des Dieux venait d'être élu député du Xe arrondissement. Ses électeurs lui envoyèrent une délégation et l'un d'eux, l'interpellant directement : « Eh bien ! maintenant que vous êtes assez nombreux, nous espérons que vous allez nous débarasser de la prêtraille. »

On attribue au député cette réponse topique : — Ne nous pressons pas ; attendons que la république soit définitivement installée !

§ 2. — LA RÉPUBLIQUE ET LA MAGISTRATURE.

La magistrature est beaucoup mieux outillée que l'église pour se défendre contre les entreprises de ses ennemis. Aussi le programme de Belleville lui-même n'ose l'attaquer que timidement, mais la république la hait parce que la magistrature représente la justice et que la justice ne peut pas s'abaisser au niveau des petits instincts des républicains.

Elle est condamnée à disparaître tout comme le clergé, et son anéantissement n'est plus désormais qu'une question de temps. Les hostilités ont commencé dès le lendemain du 14 décembre. MM. de Broglie et de Fourtou agissant en qualité de simples citoyens, s'étant cru diffamés par la *Petite République française*, avaient porté plainte comme c'était leur droit.

La onzième chambre était saisie de l'affaire, quand le ministère public reçut un pli portant le cachet de la chancellerie. Après avoir pris connaissance de son contenu, le substitut, M. Thévenin, demanda la remise de l'affaire au premier jour, c'est-à-dire son enterrement.

C'était un déni de justice caractérisé. Le tribunal dut subir la contrainte et obéir.

Pareille intervention dans un procès où l'État n'était point en cause, où il s'agissait simplement de décider entre particuliers, pareille intervention ne s'était jamais produite. La justice s'inclinait devant la toute-puissance de M. Gambetta, et comme ce n'était point assez de cette humilia-

tion, le journal du député de Belleville se per-
mettait de la couvrir de ses railleries.

M. Dufaure n'a pas pensé, disait-il, qu'il fût convenable d'exposer la magistrature au danger et au scandale
d'un procès entrepris pour la compromettre *in extremis*
au service d'une politique perdue.

La *Petite République* allait plus loin et demandait la destitution du substitut, M. Thévenin,
dont elle qualifiait la conduite d'inconvenante.

Les déboires dont on a résolu d'abreuver la
magistrature pour épuiser d'avance sa force de
résistance allaient se succéder rapidement.

Aussitôt après avoir commencé son tour de
France, la fameuse commission d'enquête électo-
rale émettait la prétention, au moins audacieuse,
de faire comparaître devant elle les membres de
nos tribunaux et de leur demander compte de
leurs votes secrets. Pourquoi pas aussi de leurs
jugements et de leurs arrêts?

Le garde des sceaux fut forcé d'envoyer le
31 décembre une circulaire à ce sujet. Mais
honteux déjà du rôle qu'on lui fait jouer, M. Dufaure n'obéit à cette injonction qu'avec une répu-
gnance visible. Sa circulaire trahit son embarras
en face des exigences de la gauche.

Le magistrat, dit-il, doit-être naturellement disposé à
seconder des investigations qui n'ont et qui ne doivent

avoir pour but que d'assurer la liberté... mais le magistrat a, par sa profession même, des devoirs particuliers
de discrétion et de réserve dont il ne peut s'affranchir...
Avant de répondre, il consultera ses supérieurs hiérar-
chiques.

En d'autres termes, le garde des sceaux
n'osait pas malgré tout, détourner ses subordon-
nés de leurs devoirs.

Ces scrupules furent regardés d'un mauvais
œil par les feuilles républicaines et, par manière
de compensation, le projet de loi d'amnistie pour
tous délits politiques commis dans la période s'é-
tendant entre le 16 mai et le 14 décembre, fut
distribué à la chambre des députés.

Il est évident qu'en frappant de nullité les nombreuses condamnations prononcées pendant le
laps de temps, la Chambre n'avait d'autre but que
de déconsidérer les actes des tribunaux dans le
passé et de discréditer leur autorité dans
l'avenir.

En étendant l'amnistie à tous les délits commis
depuis le premier janvier jusqu'au 31 décembre,
le Sénat lui enleva une partie de cette signification injurieuse.

Dès lors les révocations des membres du par-
quet suspects de ne pas professer une admiration
très-vive à l'égard de M. Gambetta se multi-
plièrent. Plusieurs étaient tellement entachées

de partialité qu'elles causèrent un grand scandale.

Les conseillers de la cour de Grenoble protestèrent contre la destitution de leur procureur général sacrifié à des rancunes de cette nature.

Pour le coup, la révolution crut le moment venu de donner le *premier coup* aux œuvres vives de la justice. M. Madier-Montjau, généralement choisi pour lancer le ballon d'essai dans les cas graves, déposa une interpellation. En la développant, il ne craignit pas de taxer la démarche des magistrats de Grenoble, d'acte « inexcusable, de révolte contre le pays ».

Laissant déborder la haine qui emplit le cœur de tous ses coréligionnaires :

L'heure est venue, s'écriait-il, de prouver à la justice qui s'est révélée naguère si faible contre la force, qu'elle n'a plus le droit de se montrer insolente à l'égard de ceux qui, faibles autrefois, ont aujourd'hui la force pour eux.

M. Dufaure déserta la cause qu'il devait défendre et présenta des explications qui ressemblaient à des excuses.

Ces incidents ne sont encore que des escarmouches. Mais qui ne voit que ces escarmouches n'ont d'autre but que de désarmer ceux que l'on considère comme des adversaires et de les fatiguer par une lutte incessante? On ne livre pas des combats même légers quand on ne prépare pas une bataille générale. Avant de l'engager contre la magistrature, on pense qu'il est utile de la discréditer, de la déconsidérer dans l'opinion.

L'opération fait des progrès sensibles. Au moment où paraissent ces lignes, quelques intempérants parmi les députés de l'extrême gauche ont pensé que la brèche pratiquée était assez large pour leur permettre de pénétrer dans la place. Un projet de loi est déposé tendant à abolir l'inamovibilité de la magistrature, c'est-à-dire, à renverser l'institution tout entière.

Qu'en adviendra-t-il? M. Dufaure osera-t-il faire échouer cette tentative? Nous l'espérons, car malgré ses défaillances, malgré les compromissions où il expose sa vieillesse, M. Dufaure est encore, assure-t-on, un observateur des traditions d'honneur, de dignité et d'impartialité de la justice française. Mais ces compromissions ne le rendent-elles pas justement de jour en jour plus impuissant à repousser les assauts que l'on s'apprête à livrer?

Il ne peut pas être dupe des intentions de la révolution à cet égard. Se résignera-t-il à devenir **complice?**

§ 3. — LA RÉPUBLIQUE ET L'INSTRUCTION PUBLIQUE.

« Nous voulons l'instruction primaire laïque
« et obligatoire. »

Cette formule est devenue populaire comme
toutes les absurdités énoncées avec assurance et
faciles à retenir. Pour la trouver, les rédacteurs
du programme de Belleville n'ont pas eu à faire
de grands frais d'imagination.

Depuis 1789, elle est contenue dans toutes les
mesures et décrets révolutionnaires qui ont trait
à cette question de l'instruction publique fondamentale dans la vie d'un peuple, puisqu'elle
constitue à elle seule tout son avenir. La loi
de 1833 renfermait en germe toutes les menaces
affichées dans le cahier de 1869 et que M. Bardoux a mission d'exécuter après M. Duruy et
après M. J. Simon.

M. Bardoux est en effet un homme docile par
excellence, assez mal avisé pour aggraver une
situation déjà compromise. C'est ce qui l'a fait
choisir, et plus heureux que la plupart de ses
collègues, il ne serait pas étonnant de le voir
surnager après le naufrage qui doit les engloutir

tous, gardant le triste honneur de mener jusqu'au bout l'entreprise de démoralisation qui lui est confiée.

Nous avons dû étudier ce ministre de près. M. Bardoux a jadis écrit un livre destiné au juste oubli où tombent tous les ennuyeux fatras. C'est une étude sur les *légistes*, aussi mal conçue que mal écrite. Elle contient entre autres ce passage :

« En eux (*les légistes du moyen âge*) rien de
« chevaleresque et de français à proprement
« dire : ils reconnurent immédiatement qu'ils
« avaient en eux deux ennemis, la noblesse et le
« clergé ; ils leur vouèrent une haine irréconci-
« liable et jurèrent que le droit ne serait ni féodal
« ni ecclésiastique. La législation romaine fut
« leur second évangile. »

Notons en passant que M. Bardoux qui place tout son idéal dans ce qui n'est ni chevaleresque ni français est, en même temps, ministre des beaux-arts.

Quoi qu'il en soit, son second évangile, à lui, paraît être le code des comités révolutionnaires. Pour le faire triompher, il a voué, comme ses modèles les légistes, une haine irréconciliable au clergé et il a juré que l'instruction ne serait « ni ecclésiastique » ni chrétienne.

Depuis qu'il est grand-maître de l'Université, la commission nommée par la Chambre pour étudier les questions d'instruction publique, s'est empressée d'admettre les principes de l'obligation, de la laïcité et de la gratuité. Nul doute que M. Bardoux n'arrive à les faire admettre aussi dans la loi républicaine. Sa bonne volonté à cet égard ne saurait être contestée, nous en avons pour garant son discours au petit lycée de Clermont.

Un grand souffle a passé sur notre pays, s'est écrié le ministre, le besoin universel de s'élever et de s'instruire ne se discute plus. Les malheurs ont donné de l'expérience à notre démocratie, et chaque jour des efforts multipliés, se traduisant en sacrifices, attestent de toutes parts, avec la puissance de vitalité, la noble préoccupation d'assurer aux générations nouvelles les moyens de mieux comprendre la loi, le devoir et la responsabilité.

La république aura l'honneur d'avoir communiqué ce vigoureux élan, d'avoir attaché la plus haute importance à *l'éducation du suffrage universel.* . . . .
Nous allons donc construire le petit lycée !
Mais mettons dans ces fondements, avec la pierre et le ciment, cette foi patriotique qui animait nos pères, leur amour profond et passionné de la France ; mettons-y la reconnaissance pour *notre glorieuse Université, fille comme nous de la Révolution de 89,* vivant de la même vie que nous.

A défaut d'actes nombreux, ce discours vaut un manifeste et il a paru suffisant à M. Gambetta

qui a accordé son satisfecit dans la *République
française.*

« M. le ministre de l'instruction publique a
« bien fait, dit ce journal. Rien ne pouvait servir
« mieux à démontrer, d'une part, que le ministre
« pense comme la majorité des Français et veut
« comme eux l'affranchissement de l'enseigne-
« ment public de tout joug clérical, et, d'autre
« part, que les citoyens ont raison d'avoir con-
« fiance dans un gouvernement qui sait à l'occa-
« sion proclamer les principes qui sont à la fois
« sa force et sa raison d'être devant le pays. »

Le sort en est jeté. L'Université est proclamée
fille de la révolution et toutes les mesures de la
république vont désormais établir cette filiation.
Pour préparer les voies, M. Gambetta vient de
fonder une nouvelle feuille populaire : la *Se-
maine républicaine*, dans le but hautement
avoué d'universaliser l'école laïque.

Où vont nous conduire ces excitations mal-
saines adressées à tout le corps enseignant et
surtout aux demi-savants des campagnes, dont il
est si facile et si dangereux d'exploiter l'en-
vieuse vanité ?

Depuis 1833, les écoles normales des départe-
ments sont un puissant élément de désorganisa-

tion sociale, elles seront désormais une officine de corruption morale ; l'armée d'apôtres qui en sort chaque année pour répandre les idées de révolte et d'orgueil jusque dans le dernier des hameaux sera dressée à propager les doctrines d'impiété qui sont la préface du communisme.

L'école primaire s'érigeait déjà en concurrente de l'église ; elle deviendra son adversaire implacable. L'instituteur se pose depuis longtemps en égal de son curé ; désormais, mieux rétribué que lui et partant plus considéré par les paysans, il sera son rival irréconciliable.

Et que la mauvaise foi n'interprète pas à faux ces prophéties trop justifiées par des faits récents et par les tendances du gouvernement républicain ! Nous sommes amis de l'instruction populaire, et nos Frères des écoles chrétiennes le prouvent mieux que tous les discours ; mais nous nous insurgeons énergiquement contre le plan odieux qui consiste uniquement à remplacer l'évangile par la grammaire, supprimant ainsi de l'éducation du peuple toute religion, et par conséquent toute morale.

§ 4. — LA RÉPUBLIQUE ET LES FINANCES.

Le paragraphe du programme de Belleville qui est relatif aux finances rentre dans le chapitre des promesses, promesses trompeuses cette fois encore, comme il est facile de s'en convaincre en examinant les dépenses où la gloire de la république nous entraîne.

M. Gambetta, qui, on le sait, a des aptitudes universelles, s'empare des finances et, trônant sur son fauteuil de président de la commission du budget, il dicte ses ordres à ses 363 vassaux, qui n'ont plus d'autre volonté que celle de leur seigneur et maître.

Il commence par refuser tout d'abord deux cent mille francs aux services religieux les plus urgents et conteste vingt mille francs aux invalides. Vous croyez peut-être que le chiffre de notre dette l'a effrayé et qu'il songe à faire des économies. Allons donc ! Écoutez plutôt :

L'Exposition coûtera vingt-deux millions de plus qu'on ne le prévoyait ; bagatelle, il faut en faire une fête essentiellement républicaine. Pour cela, on ne saurait payer trop cher. Ces pauvres ministres vont se ruiner, tout sera si cher à Paris, il faut leur donner une petite indemnité, et il leur ouvre des crédits de 100,000 et de 200,000 francs pour frais de représentation.

Et ces infortunés députés commis-voyageurs qui font une tournée d'intimidation républicaine sous le nom de commission d'enquête, on leur doit bien quelque chose, ils sont si dévoués, et il leur octroye un petit salaire de 60 francs par jour.

Mais ce ne sont que des misères, et nous n'en parlons que pour mémoire.

M. Gambetta a nourri un projet qui nous coûtera bien plus cher que les petites gratifications aux amis, nous voulons parler de la loi sur le rachat des chemins de fer de lá Vendée, des Charentes et autres lignes secondaires. D'après M. de Freycinet, l'*alter ego* de M. Gambetta, le total du prix de rachat s'élèvera à 500 millions, ce qui fait 200 mille francs par kilomètre, chiffre, ajoute-t-il, qui n'a rien d'exagéré.

Ce n'est pas l'avis de M. Philippart, qui les a créés.

Oui, de M. Philippart lui-même, qui écrivait à un ami, le 22 janvier 1875, la lettre suivante :

« Vous me dépeignez comme alléché par les résultats inespérés que j'ai obtenus en Belgique.

Je ne rêverais qu'une chose, c'est d'arriver à une telle pression sur l'État, que celui-ci, imitant l'exemple de la Belgique, nous rachetât tout notre réseau au taux de 200,000 francs, c'est-à-dire avec un BÉNÉFICE *de* CINQUANTE MILLE *francs par kilomètre.*

« Tout d'abord, monsieur, ce rêve serait assez insensé. »

C'est ce rêve insensé que MM. Gambetta et de Freycinet vont réaliser.

M. Louis Legrand, un républicain pourtant, est effrayé et demande à la Chambre que le prix de rachat soit fixé par une expertise sérieuse. Son amendement a été repoussé par les amis de M. Gambetta parce qu'il ménageait l'intérêt du contribuable, mais non celui du spéculateur :

Mon amendement, s'écriait M. Legrand, ne pourrait léser que des intérêts particuliers, *les intérêts des spéculateurs qui ont escompté la ratification de ce projet de loi pour racheter des titres à bas prix.* Ces intérêts-là n'ont rien de respectable, et je ne comprendrais pas qu'on pût leur donner la préférence sur les intérêts des contribuables, sur les intérêts de la masse des citoyens français, qui, elle, est innocente des fautes commises et sur qui vont retomber les charges lourdes qu'on fera supporter à l'État.

Enfin, M. de Freycinet lui-même est obligé

d'avouer que la mesure qu'il propose n'est d'aucun intérêt pour nos finances.

Nous ne sommes nullement, dit-il dans son exposé des motifs, dans le cas d'un rachat imposé par l'État pour son propre intérêt, mais bien en présence d'un rachat accordé à des Compagnies en détresse comme un acte de pure bienveillance.

Mais à qui profitera cette bienveillance ? Est-ce aux actionnaires ? — Non. Ils ont risqué leur argent, ils l'ont perdu ; ils n'ont rien à réclamer. — Est-ce aux obligataires primitifs, qui seuls méritaient quelques égards ? — Non ; car presque tous, ne prévoyant pas la combinaison de M. Gambetta, ont vendu à n'importe quel prix.

C'est donc aux spéculateurs, comme le disait M. Louis Legrand ; car, chose curieuse, ces obligations qui ne valaient presque rien ont toujours trouvé des acquéreurs.

Quels sont ces spéculateurs ?

Une note publiée par M. des Houx dans la *Défense* du 6 mars, et qui n'a été jamais été démentie, va nous l'apprendre.

Est-il vrai, demandait-il, que des maisons de banque connues pour servir d'intermédiaires à certains gros personnages de la commission législative des finances, achètent avec une ardeur excessive tous les titres des petites compagnies de chemins de fer actuellement en faillite et notamment ceux des chemins de fer de la Vendée créés par M. Philippart, dont le ministre, d'accord avec la commission du budget, demande le rachat par l'État? On prétend que ces titres, qui ont déjà servi, s'il faut en croire M. Ordinaire, à tant de spéculations dans la Chambre des 363, vont bientôt se trouver réunis dans la main d'un *très-haut et très-puissant personnage* qui sera bientôt le principal actionnaire des petites compagnies faillies. C'est lui qui, en même temps, fera adopter le projet de rachat par l'État au taux qui lui agréera le mieux.

Ainsi donc, il est bien certain que le Trésor fera une opération désastreuse, puisque, de l'aveu même de M. Philippart, il perdra 50,000 francs par kilomètre; mais peu importe, puisque ces 50,000 francs ne seront pas perdus pour tout le monde.

La Chambre a donné la préférence aux intérêts des spéculateurs sur ceux du pays; il faut croire que l'intérêt des spéculateurs paraît bien respectable à M. Gambetta.

Mais ce n'est là que le prélude des plans gigantesques rêvés par M. de Freycinet, qui, avec l'assurance du génie ou de la présomption, n'hésite pas à proposer la dépense effroyable de quatre milliards sous le prétexte de sillonner la France de voies ferrées inutiles, de canaux chimériques et de routes problématiques!

En résumé, l'équilibre de notre budget est gravement troublé; la loi d'amortissement passe à l'état de lettre morte; les impôts restent écrasants; les abus de perception subsistent; les ministres et tous les personnages officiels ou semi-officiels cumulent comme par le passé de gros traitements; la colonne des dépenses s'allonge démesurément, et l'un des hommes les plus versés dans les questions économiques a pu s'écrier avec raison :

« — Encore cinq ans de ce régime, et la France est ruinée ! — »

§ 5. — LA RÉPUBLIQUE ET L'ARMÉE.

Nous plaignons sincèrement les prud'hommes qui se laissent attendrir par les témoignages de dévouement dont la République accable l'armée depuis quelques jours. Il est triste d'être dupe de ces manœuvres trompeuses ou corruptrices qui cachent de perfides desseins.

La *suppression des armées permanentes* fait partie de tous les programmes révolutionnaires. On peut dire qu'elle est dans le cahier de Belleville la partie essentielle et capitale ; comment sa réalisation serait-elle perdue de vue ?

Nous n'ignorons pas que l'on double les pensions de retraite, qu'on améliore l'ordinaire de la troupe, qu'on augmente la solde des officiers, qu'on donne même la solde de rassemblement aux grades inférieurs pendant l'Exposition.

Mais à quoi tendent toutes ces mesures?

A perfectionner cette armée que l'on déteste parce qu'elle est la sauvegarde de l'ordre? Non : à la séduire pour endormir sa vigilance. On compte sans l'honneur, qui est le code immuable des armées comme il est la loi fondamentale des monarchies, suivant Montesquieu.

Ne pouvant la gagner, la république cherche à la désorganiser.

Le projet Laisant est le premier symptôme de cette tendance inavouée mais réelle. Ce n'est pas précisément en fixant à trois ans la durée du service militaire que le député révolutionnaire arrivera plus vite à ses fins ; l'opinion d'excellents esprits et l'exemple de la Prusse prouvent que ce terme est compatible avec une bonne organisation. Mais M. Laisant est coupable et sciemment coupable, puisqu'il a été soldat, de réclamer le renvoi au bout d'un an de tous les hommes tant soit peu intelligents, pour ne laisser dans les régiments que les incapacités reconnues.

Une telle armée serait impossible à conduire ; ce serait une garde nationale que tous les officiers ayant quelque valeur et quelque respect d'eux-mêmes se refuseraient à commander.

Ce système n'a d'autre mérite que de flatter l'amour-propre de M. Gambetta en lui rappelant la création de ses mobilisés.

En attendant que ce projet qui correspond à la *suppression des armées permanentes* soit accepté, on discute le principe d'obéissance passive, on commente la discipline, on entretient dans les rangs l'esprit d'insubordination, avant-coureur de la démoralisation.

Ces excitations portent déjà leurs fruits, et l'histoire du major Labordère en est un triste exemple.

Cet officier supérier s'était permis d'interpréter avec une audace inouïe un ordre de son général; il était allé plus loin, il avait refusé éventuellement toute obéissance. C'était un crime passible du conseil de guerre, mais on avait usé d'indulgence à son égard, on s'était borné à le punir disciplinairement.

Aussitôt toute la bande républicaine s'ameute en faveur du rebelle; tous donnent de la voix, le *République française* en tête. Le major Labordère passe au rang de héros et de martyr.

L'*Événement* propose de le nommer député. Le *Peuple* ne parle de rien moins que de lui décerner un grand commandement et le *Réveil* ouvre dans ses colonnes une souscription nationale en vue de lui offrir une épée d'honneur.

Cette ovation publique faite à un soldat réfractaire à ses devoirs reçoit une sorte de consécration aussi inattendue que scandaleuse. Un ancien commandant d'armée qui espère couvrir ses fautes militaires par ses fautes politiques et faire oublier ainsi les terribles responsabilités qui pèseront sur lui dans l'histoire, lui écrit :

« Votre courageuse initiative m'a paru suffi-
« samment justifiée par des prescriptions vio-
« lentes qui sont aussi désapprouvées par des
« officiers de toutes armes. Je ne doute pas
« qu'avant peu il ne vous soit rendu justice *en*
« vous replaçant dans l'armée et *en* vous con-
« férant le grade de lieutenant-colonel auquel
« vous avez droit par vos services (1). »

Le ministère de la guerre ne sait où donner de la tête. Le *Journal officiel* publie le 31 décembre des explications ayant le même caractère que celles qui devaient être portées à la tribune par M. Dufaure, au sujet de la cour de Grenoble.

Malgré cet effacement, les explications sont trouvées dérisoires. On demande mieux et plus.

La chambre s'associe au scandale. Elle de-

____

(1). Lettre du général Wimpffen au major Labordère. — 30 décembre 1877.

mande à contrôler l'enquête militaire et le major
Labordère s'apercevant que les audaces lui réus-
sissent, envoie une pétition demandant au pouvoir
législatif de casser la décision de ses chefs.

L'affaire est toujours en suspens et ne sera pas
de longtemps rayée du rôle, car elle est de celles
qui contribuent le plus à démoraliser l'armée.

Après l'affaire Labordere, l'affaire Ducrot. Ce
général de l'ancienne école n'était pas suscep-
tible de complaisances démagogiques. Il est
sacrifié.

Quelques jours après surgit l'incident de
Nantes. Un directeur de théâtre dépourvu de tact,
un chef de musique oublieux des convenances les
plus élémentaires font jouer à des soldats un
rôle compromettant dans un drame honteux et
les forcent à brailler la *Marseillaise* avec tous
les figurants.

Le commandant de place soucieux de la dignité des hommes confiés à son honneur prend
les mesures qu'il croit nécessaires pour prévenir
le retour de semblables abus. Son ordre du jour
un peu vif, mais destiné aux casernes, est dérobé
et livré à la publicité.

Tumulte indescriptible dans toute la presse
républicaine. Elle prend parti pour le chef de
musique contre le colonel.

La chambre en fait autant. Un ancien officier

subalterne qui a cru faire un troc avantageux
en échangeant son épée contre la médaille de
député, M. Laisant, déjà nommé, traîne à la tribune M. le ministre de la guerre. Au nom de ses
amis de la gauche, il le somme de désavouer le
commandant de la place de Nantes; il lui intime
l'ordre de répondre à trois questions aussi inso-
lentes dans la forme que dans le fond. M. le
général Borel s'incline. Le colonel est désavoué,
la *Marseillaise* réhabilitée est proclamée chant
patriotique, la réponse aux trois questions est
telle que M. Laisant déclare que les espérances
des républicains sont dépassées.

On s'attendait à voir leurs prétentions mili-
tairement repoussées; on présumait que M. le
ministre de la guerre profiterait de l'occasion
pour affirmer bien haut que l'honneur de l'armée, sa discipline et sa hiérarchie sont au-dessus
de la discussion.

On fut déçu à ce point que le *Journal des
Débats* lui-même sentit sa pudeur se réveiller.

Mais l'exigence de la révolution grandit avec
le succès. Après le sacrifice du général Ducrot
elle demande d'autres sacrifices; après la réha-
bilitation de la *Marseillaise*, son exaltation; elle
veut que chacun soit tenu de l'écouter chapeau
bas et dans une attitude respectueuse.

Non content de faire la leçon au ministre de

la guerre, M. Gambetta prétend la faire à toute l'armée. Il lui rappelle ses nouveaux devoirs sur un ton doctoral.

« Il ne suffit pas, dit son journal, que l'armée
« n'attaque pas les lois du pays ni même qu'elle
« les protége, il faut encore qu'elle en com-
« prenne l'esprit et qu'elle s'applique à tenir cet
« esprit *pour la règle supérieure de toutes ses*
« *actions.* »

Cette prescription ne tarde pas à recevoir sa sanction. Pour n'avoir pas compris l'esprit de ces lois et pour s'être inspiré du simple bon sens, le général de Geslin subit le sort du général Ducrot. Sa boutade plus spirituelle que militaire est considérée comme un crime, sa révocation est imposée au ministre de la guerre par M. Clémenceau, celui-là même qui est appelé en témoignage et semoncé par le président chaque fois qu'un assassin des généraux Clément Thomas et Lecomte est traduit devant la justice.

Cet espionnage permanent pratiqué dans l'armée au profit de la république, cette ingérence de l'élément purement civil dans toutes les questions militaires se manifestent depuis le haut jusques en bas de l'échelle.

La gendarmerie a été à ce point de vue l'objet d'une attention toute spéciale. Quand le gendarme tiendra l'esprit de M. Gambetta « pour la règle supérieure de toutes ses actions, » il est certain, en effet, que les agents de la révolution seront en sûreté dans les campagnes.

Déjà on propose de la soustraire à l'autorité du ministre de la guerre et de la placer sous la dépendance du ministre de l'intérieur. En attendant M. le général Borel a envoyé sa circulaire fameuse qu'il est nécessaire de reproduire en entier :

Paris, le 4 avril 1878.

Mon cher général,

A la suite des dernières élections, il s'est produit entre *plusieurs officiers ou militaires* de la gendarmerie, *d'une part*, et certaines autorités locales *ou les populations elles-mêmes, d'autre part*, des difficultés de nature à nuire à la bonne exécution du service.

Des plaintes nombreuses m'ont été adressées à ce sujet. Les enquêtes auxquelles j'ai fait procéder, tout en me permettant de constater que ces plaintes n'étaient pas toujours suffisamment fondées, m'ont révélé *néanmoins, sur certains points du territoire*, l'existence d'un état de crise et de malaise auquel, dans un but d'apaisement et dans l'intérêt de la gendarmerie, *dont nul plus que le ministre de la guerre n'a souci*, il convient de mettre un terme.

Je vous prie *donc* d'inviter les chefs de légion *placés dans l'étendue de votre commandement*, à prescrire aux militaires sous leurs ordres *de s'étudier* à apporter, dans leurs relations rvec les autorités civiles et les populations, toute la conciliation désirable. *Préoccupés avant tout de remplir leurs devoirs professionnels avec le dé-*

vouement qui leur est habituel, ils devront s'abstenir de tout acte ou de toute parole ayant trait à la politique et pouvant *par cela même* donner prise à des critiques ou a des interprétations malveillantes. *L'excellent esprit dont la gendarmerie est animée m'est garant que ces prescriptions seront scrupuleusemet observées.*

J'estime, en outre, *que* pour amener un plus rapide apaisement des esprits, il conviendra, dans les localités où les relations seraient particulièrement tendues entre a gendarmerie et les autorités locales ou les populations, *d'y* couper court par des changements de résidence.

Vous inviterez donc les chefs de légion à me proposer, par votre intermédiaire, *au sujet des officiers, brigadiers et gendarmes auxquels il leur semblera que cette mesure doit être appliquée*, les mutations qui leur paraîtront commandées par l'intérêt du service. Ces mutations, qui n'auront, bien entendu, aucun caractère disciplinaire, devront *être combinées de manière* à ne pas nuire aux intérêts des militaires qui en seront l'objet. *Elles pourront être accompagnées de demandes destinées à couvrir ces militaires des frais de leur déplacement.*

Vous me transmettrez les propositions des chefs de légion, en y joignant votre avis motivé.

Recevez, mon cher général, l'assurance de ma haute considération.

Le ministre de la guerre,

Général BOREL.

Les excitations des uns et les faiblesses des autres ont déjà porté leurs fruits. Chaque jour les journaux de province nous apportent le récit de gendarmes assommés, jetés à l'eau ou lapidés. S'ils résistent, les journaux républicains s'étonnent qu'ils ne soient pas fusillés.

Le besoin pressant de disloquer et de briser tous les liens de la hiérarchie s'étend jusqu'à l'armée territoriale.

Deux officiers de cette armée refusent à Belfort de remplir les devoirs inhérents à leurs fonctions. Ils sont cassés par leur colonel. Ces lieutenants sont républicains. Le colonel est vilipendé et les sous-lieutenants glorifiés.

Eh bien ! nous le demandons sincèrement : de cet ensemble de faits que nous avons généralement atténués, de cet appel sans tréve à l'indiscipline, de ces humiliations infligées aux généraux, de ces encouragements peu déguisés prodigués aux insulteurs de l'armée, ne doit-il pas résulter incessamment la désorganisation complète, absolue, irremédiable ?

Tous les hommes du métier en sont persuadés, et M. le ministre de la guerre le premier.

Dès le commencement de janvier, il se plaignait des difficultés de la situation et ne dissimulait pas ses appréhensions. Il parlait d'abandonner la partie et de quitter une place intenable. Son exemple aura du moins prouvé une fois de plus qu'il est impossible de s'arrêter dans la voie des concessions et que les ambitions les plus légitimes sont déplacées au service de la révolution.

Son successeur, un Labordère sans doute, maintiendra par instinct et par habitude quelques lambeaux de anciennes traditions. A son tour il sera renvoyé comme réactionnaire et la belle armée française ne sera plus qu'une garde nationale dont M. Laisant sera le général en chef nommé par les électeurs de Belleville.

M. Mortimer-Ternaux, dans son *Histoire de la Terreur*, date l'ère sanglante du jour où une sorte d'apothéose fut décernée aux soldats rebelles de Châteauvieux. Ce jour-là aussi fût consommée la dissolution de l'armée, et l'Europe était menaçante comme aujourd'hui.

Les conventionnels étaient des monstres, mais ils étaient Français ; après avoir détruit les anciens régiments, ils en créèrent de nouveaux.

Quelle armée nous préparent MM. Waddington, Spuller et Gambetta? (1).

----

(1) On sait que ces trois personnages sont d'origine anglaise, allemande et italienne.

III

LES OBSTACLES

Nous avons tous connu un homme qui avait eu la plus rare des fortunes. Héritier de serviteurs fidèles de princes exilés, on l'avait vu marcher l'égal des plus grands seigneurs de l'Europe, sans que nul songeât à lui contester ses titres d'origine. L'opinion publique lui accordait volontiers pour ancêtres les rois chantés par Ossian.

Issu d'une famille opulente, il avait embrassé la pénible carrière des armes pour suivre le rêve de gloire qui hantait toutes les imaginations de la Restauration.

Le vieux Charles X qui aimait à s'entourer de la jeunesse bien née, pour lui enseigner ses devoirs et préparer ainsi un bel avenir à la France, l'admit dans son intimité.

Des débuts aussi complétement heureux laissaient présager une destinée plus heureuse encore.

Quand le vent des révolutions emporta le roi légitime sur la terre d'exil, le jeune sous-lieutenant regretta son noble protecteur, mais mettant dès lors en pratique la devise qui devait l'immortaliser plus tard sur les débris fumants de Malakoff, il resta dans l'armée parce qu'il y était et parce qu'il pensa sans doute qu'un soldat peut servir la cause de son pays dans tous les temps et sous tous les régimes.

Il vécut quarante ans, loin des cours et loin des princes qu'il ne pouvait plus estimer, guerroyant sur la terre d'Afrique, nourricière de tant de héros.

Le devoir avait seul le privilége de l'occuper. L'application constante qu'il apporta dans toutes les circonstances où le service militaire et l'honneur étaient en jeu, lui fit une renommée.

Un jour on apprit qu'il était général et personne ne fut étonné ; un autre jour on sut que c'était à lui que revenait l'honneur d'une grande journée, et personne ne fut surpris de son triomphe. Son nom brilla d'un lustre immaculé et la France qui voyait sombrer l'une après l'autre les réputations les mieux établies se prit à n'espérer qu'en lui.

L'espèce de culte dont elle l'honora croissait même après ses revers, et l'on put dire, aux applaudissements de tous, qu'il méritait le titre de duc de Reischoffen aussi bien que celui de duc de Magenta.

On l'aimait non pas seulement à cause de sa

grandeur d'âme, mais aussi parce qu'on croyait voir en lui le gardien incorruptible de l'ordre et du repos publics.

Ce fut un enthousiasme universel quand on apprit qu'il était choisi définitivement pour remettre chaque chose à sa place et pour couvrir de son épée protectrice les intérêts tremblants et les consciences opprimées.

Quelques esprits chagrins opinèrent bien qu'un homme des camps serait dépaysé dans les conseils d'un gouvernement; ils prétendirent même qu'on n'apprend guère dans une caserne à présider un Cabinet. On répliqua que cet homme avait déjà gouverné l'Afrique.

D'ailleurs, comme à Magenta, il arrivait juste au moment opportun pour opérer une diversion favorable. La lueur seule de son épée devait contenir les audacieux qui seraient tentés de recommencer la Commune.

Elle eût suffi, en effet, si ces audacieux s'étaient avisés de procéder par la force, mais ils avaient pour eux l'expérience. Sans perdre contenance, ils firent tranquillement le siége de la place où était enfermé leur ennemi; ils lui tendirent des piéges, ils lui dressèrent des embûches, ils l'enserrèrent si bien dans le réseau parlementaire qu'un beau jour il devint leur prisonnier. Il voulait se plaindre, on répondait que ces gens-là avaient pour eux la loi et la Constitution. Alors il imagina de leur échapper par un bond irréfléchi et furieux. Les mailles se refermèrent plus serrées, et de prisonnier libre qu'il était avant le 16 mai, le chef du pouvoir devint prisonnier gardé à vue.

Le Bayard des temps modernes était désarmé; il crut devoir à sa patrie plus que son sang; un jour il signa son pourvoi en grâce devant ses vainqueurs d'un nouveau genre et tout l'échafaudage de sa fortune et de sa gloire s'écroula.

La force lui a été enlevée comme à Samson. L'ombre de ce qu'il a été, de ce qu'il aurait pu être survit à peine à la chute. Cette ombre, si peu gênante qu'elle soit, embarrasse cependant encore la Révolution; depuis quelque temps elle s'attache à la faire disparaître pour supprimer l'un des obstacles qui s'opposent à l'accomplissement de ses projets.

Les hommes d'ordre qui ne sont pas toujours les hommes de bon sens, entièrement désillusionnés de ce côté se sont dit : Il nous reste au moins le Sénat.

Quel élément de résistance offre donc ce Sénat pour inspirer tant de sécurité? Une impopularité très-habilement ménagée pèse sur lui depuis le jour de sa naissance; son opinion est tellement indécise qu'on a pris le parti de n'y avoir plus égard; il n'y a pas un séul ministre sorti des rangs de sa majorité; c'est à peine si son autorité a prévalu dans deux ou trois questions tout à fait secondaires; sur les autres, il se résigne à plier; il a plié sur les questions du budget où il n'a pu faire rétablir que les appointements des invalides; il a plié sur la question de l'état de siége, sur celle des chemins de fer.

Si M. Gambetta voulait, il pourrait dores et déjà le jeter par-dessus bord. Par excès de prudence, il aime mieux s'en emparer comme de la personne du maréchal. On peut dès aujourd'hui prévoir le moment précis où ce petit événement se produira. Ce sera vers la fin de l'année au renouvellement du tiers. On sait les noms des sénateurs qui partiront alors et de ceux qui les remplaceront. Ce simple déplacement suffira à faire pencher la balance déjà bien oscillante.

Qui s'opposera alors au développement radical du programme révolutionnaire?

Les ministres?

Nous avons eu déjà l'occasion de parler de quelques-uns d'entre eux. Quoique tous soient d'une docilité parfaite envers leur président occulte, on doit cependant les diviser en deux catégories bien distinctes. Dans la première se trouvent ceux que le grand homme de Cahors a déjà traités de marionnettes et qu'un amour-propre singulièrement placé pousse à accepter tous les inconvénients d'une situation fausse pour conserver l'honneur stérile et inespéré d'avoir tenu quelque temps un portefeuille. Dans la seconde, ceux qui sont agréés définitivement au service de la Révolution et qui ne reculeront devant aucune mesure, devant aucun sacrilége.

Ceux-ci resteront parce qu'ils en vaudront bien d'autres pour remplir un poste sans prestige et sans indépendance ; ceux-là disparaîtront sous les huées de leurs amis d'autrefois et sous les sarcasmes de leurs amis d'aujourd'hui. M. de Marcère le comprend bien, car, sentant déjà le terrain chanceler sous ses pas, il s'est ménagé un refuge auprès des honnêtes gens en écrivant une lettre convenable à l'occasion du centenaire de Voltaire.

La façon dont il sera procédé n'est plus un mystère pour personne. Aussitôt après le renouvellement du tiers du Sénat, une demande de mise en accusation sera déposée contre les ministres du 16 mai. Cette demande sera naturellement accordée. L'incident atteindra le maréchal et engagera gravement la responsabilité des ministres actuels de la première catégorie.

L'un sera obligé d'abdiquer, les autres de se retirer. Et tout sera fini.

Nous avons six mois à attendre.

L'intermède sera rempli par le vacarme de l'Exposition.

Le fastueux bric-à-brac du Champ-de-Mars a deux buts. Le premier de détourner l'attention des derniers préparatifs auxquels se livre la révolution avant d'installer définitivement la république. Le second de faire patienter la multitude de prolétaires qui attendent le moment de se précipiter à la curée promise et attendue.

C'est l'avis de plusieurs négociants et industriels qui ne se gênent plus pour dire :

— On nous avait tant promis que les élections du 14 octobre et la soumission du maréchal nous ramèneraient l'âge d'or que nous avions la candeur d'espérer. Nous nous abusions. L'âge d'or n'est point venu ; les affaires sont plus rares que jamais ; notre stock de marchandises grossit tous les jours et nous nous sommes demandés souvent s'il n'était pas urgent de fermer tous les ateliers.

L'Exposition nous offre enfin un débouché, mais un débouché factice. Nous écoulons nos produits de façon à vivre au jour le jour, mais rien encore qui nous donne la confiance de regarder l'avenir en face et nous inspire l'audace des grandes entreprises.

Nous avons bien peur que l'Exposition ne res-

semble au bal somptueux donné par un com
merçant peu délicat, la veille de sa banqueroute,
et dont les huissiers viennent éteindre les bou-
gies. Il est impossible de prévoir comment elle
finira, mais quand les dernières travées, qui ont
coûté si cher, seront enlevées du Champ-de-
Mars, il est sûr que nous nous retrouverons
dans la même situation qu'avant le premier
mai.

— Et qu'en résultera-t-il?

— Il est à craindre que deux cent cinquante
mille affamés ne descendent dans la rue et n
demandent du pain!

CONCLUSION

On a souvent parlé de la commune légale se substituant à la commune insurrectionnelle. Ce dénoûment est apparu dès la première heure comme la conséquence logique de l'établissement de la république.

Aujourd'hui ce péril est imminent. Pour s'en apercevoir, il n'est pas besoin de se reporter aux journaux indisciplinés dont les cyniques révélations jettent de sinistres clartés sur les espérances du parti, mais dont l'attitude imprudente est ordinairement désavouée par les organes plus avisés et plus autorisés de la révolution. Il suffit de relire le texte des lois qui emprisonnent tout ce que nous aimons et tout ce que la France respecte. Il suffit de regarder autour de soi et de contempler la religion bafouée, le clergé dénoncé aux massacreurs d'ôtages, l'école transformée ne atelier de démoralisation, la magistrature mise en suspicion, l'armée désorganisée et encouragée dans l'esprit d'indiscipline, les finances dilapidées.

Les hommes qui ont juré la ruine de tout l'édifice social se sont embusqués derrière la constitution Wallon. Pour déjouer leurs funestes intrigues, nous nous sommes retranchés dans l'art. 8 qui rend cette constitution révisable à jour fixe et violable dans tous les temps.

Abandonnés par nos chefs naturels, nous gardons le droit de résister, chacun dans la mesure de nos forces, d'opposer des actes aux actes et de préparer la voie au changement qui doit faire luire des jours meilleurs sur le pays.

Puissent ceux qui liront ces lignes se convaincre que leur perte est inéluctable, à moins qu'ils ne s'éveillent de l'état de prostration où les a plongés le plus inconcevable découragement ! Puissent-ils se persuader de la nécessité de fonder une opposition sérieuse et fortement constituée, non point une opposition bruyante et tracassière, uniquement inspirée par l'intérêt de parti ! Puissent-ils ne pas oublier que les républiques passent et que la France reste !

FIN